ALLES iM FLOW

UND WAS DENKST DU
ÜBER GOTT UND DAS LEBEN?

Herausgegeben von Petra Fietzek

// VORWORT

Hallo Du,
hast du mal darüber nachgedacht, was dir persönlich Hoffnung gibt?
Was dir Mut macht und dich aufbaut?
Was dich zu dem Menschen macht, der du bist, und wer dich
auf deinem Weg begleitet?

Wir, Schülerinnen und Schüler der Schreibwerkstatt unter Leitung
von Petra Fietzek am St. Pius Gymnasium Coesfeld, haben uns in
den letzten Monaten über diese und viele weitere Fragen Gedanken
gemacht und ausgetauscht. Dabei sind kreative Texte entstanden.
Sie handeln mal von alltäglichen Situationen, mal von tiefgründi-
gen Fragen. Einige Texte greifen die schönen Momente unseres
Lebens auf, andere unsere Ängste und Zweifel. Gerade in der Zeit
der Corona-Pandemie, in der uns alle viele Fragen begleitet haben,
war es oft schwer, Hoffnung zu finden. Durch das Schreiben haben
wir eine Möglichkeit bekommen, dem Alltag einen Moment lang zu
entkommen.
Zwischen unseren Texten findest du kleine „Elfchen", also Texte aus
elf Wörtern. In ihnen stellen wir unterschiedliche Sichtweisen auf
unseren Glauben und die Frage nach Gott dar.

Wir hoffen, du kannst dich in einigen unserer Texte wiederfinden.
Vielleicht regen sie dich zum Nachdenken an, geben Antworten auf
deine Fragen und schenken dir Kraft. Vielleicht regen sie dich auch
zum eigenen Schreiben an ...

Nicola (16) und Vivien (16)
stellvertretend für alle an diesem Buch beteiligten Schülerinnen und Schüler

Coesfeld, im März 2021

// INHALT

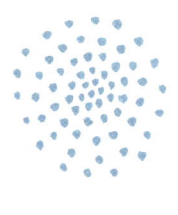

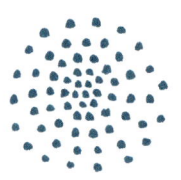

Du hast Angst. Dein dunkler Schatten begrenzt dich.
Es ist schwarz um dich.
Kein einziger Sonnenstrahl Hoffnung lässt sich blicken.
Jede Minute kreisen die Gedanken wie wild in deinem Kopf.
Sie sind zu viele, um sie zu ordnen und zu bändigen.
Der Weg aus deinem Kopf heraus ist versperrt.
Du bist gefangen in einer dunklen Blase aus Angst,
Antriebslosigkeit und Kummer.

Wie sollst du es nur morgen schaffen?

Doch da legt dir eine vertraute Person die Hand auf
die Schulter und spricht:
Du, warum hast du so eine Angst? Sei ein Löwe!
Du bist stark!
Sei ein Kämpfer und nimm all deinen Mut zusammen!
Befreie dich aus deiner Blase der Gedanken!
Spring über deinen Schatten!
Du schaffst das! Ich glaub an dich!

Der Mensch geht und du bist wieder alleine.
Deine Gedanken kommen zurück.
Doch nun klopft dein Selbstvertrauen an die Tür.
Es öffnet die Tür und du kannst hinaustreten.
Der Weg ist frei für alles, was danach kommt.

NICOLA (16)

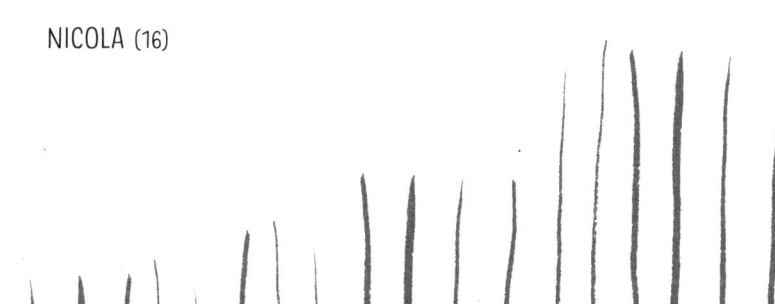

Fahrt nach vorne und parallel zurück.
Betonwand musst du durchqueren.
Schaffst es nicht.
Häuser, Menschen, Länder, Tiere,
alles rauscht an dir vorbei.
Noch einmal, noch einmal
haust du gegen die Wand.
Niemand da, der dir hilft.
Du schaust nach hinten.
Vergangenheit rückt immer näher.
Verzweifelt, frustriert
drückst du dich gegen das Hindernis.
Ein Schmerz trifft dich wie nie zuvor.
Unangenehmes Piepen im Ohr.
Du denkst: *wofür?*
Siehst ein Licht am Ende des Tunnels.
All deine Wunden soll es heilen.
Es lockt dich.
Es ruft dich.
Du rennst.

ANNIKA (17)

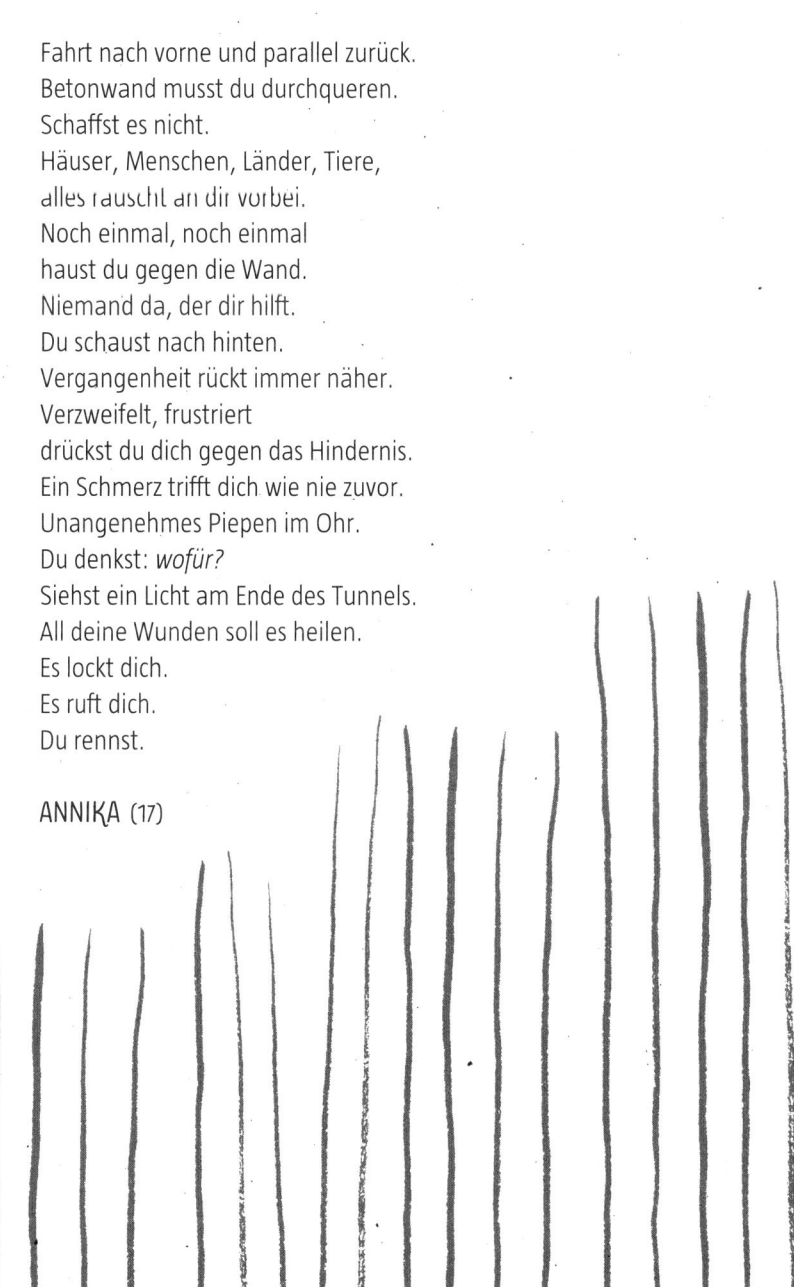

Kennst du das?
Du liegst oder sitzt abends im Bett
und auf einmal überfällt dich Angst.
Kennst du das?
Du bist kurz vor einer großen Prüfung
und dir wird schon beim Gedanken daran schlecht,
was du alles nicht kannst.
Kennst du das?
Dieses unwohle Gefühl der Angst?

Meist versuchst du, es zu verdrängen,
oder kehrst in dich,
um die Angst zu verschweigen,
denn sonst würdest du ja Schwäche zeigen.

Doch das darfst du nicht!
Alles in dich hineinzufressen,
macht dich kaputt und ist Gift für dein Herz.

Doch – warum überhaupt an Dir zweifeln
und Angst haben, den nächsten Schritt zu wagen?
Du brauchst gar nicht daran denken zu verzagen:
Erinnere dich daran, wie weit du schon gekommen bist!
Glaube wieder an dich und fang an zu leben!
Du wirst über deinen Ängsten schweben.

ANTONIUS (16)

Nur aus Angst entsteht Mut.
Hoffnung und Selbstvertrauen
bringen dich voran.
Blicke über den Horizont hinaus
und entdecke eine neue Welt.

Es kommt nur auf dich an,
ob du es riskierst
und wie du dich entscheidest.

Wachse an deinen Erfahrungen.
Zeige Respekt
und überwinde deine Grenzen.
Du kannst so viel erreichen!

EMILIA (17)

Mut, was ist das eigentlich?, fragte Carina ihre Eltern am Frühstückstisch. Diese waren im ersten Moment etwas überfordert, antworteten jedoch dann, dass Mut bedeute, seine Angst zu überwinden und etwas Neues auszuprobieren. Auch zu seiner eigenen Meinung zu stehen, sei Mut. Daraufhin sagte Carina: *Boar! Das ist sicher schwer! Aber ich möchte heute etwas Mutiges tun.* So ging sie gut gelaunt nach dem Frühstück in die Schule.

Am Nachmittag kam sie niedergeschlagen nach Hause und berichtete, dass sie es nicht geschafft habe, mutig zu sein. *Ich habe ja nicht mal geschafft, zu mir selbst zu stehen. Stattdessen habe ich schon wieder auf dem Schulhof dieses Kind verteidigt, das gemobbt wird.* Doch ihre Eltern waren erstaunt und sagten: *Carina, zu sich selbst zu stehen, heißt doch nicht nur, an sich selbst zu denken. Einem anderen Menschen zu helfen, obwohl man sich damit bei anderen unbeliebt macht, ist ganz bestimmt mutig.*

SOPHIE (16)

ACHTERBAHNFAHRT

Die Bahn kommt ins Rollen.
Erst langsam, dann immer schneller.
Der Teufelskreis beginnt.
Es rattert, zischt und quietscht.
Panik kocht hoch in mir,
droht mich zu ersticken.
Ich kneife meine Augen zu,
höre Schreie aus Verzweiflung,
aus Aufregung und Freude.
Sie werden zu einem reißenden Fluss,
verschlingen die letzte Hoffnung in mir.
Dann endlich Stillstand.
Erlösung.
Aufatmen.
Erholung.
Stolz.

LILLI (16)

Alex scheint augenscheinlich normal und glücklich zu sein. Niemand außer ihrer Familie kennt die Wahrheit. Jede Minute spürt sie es. Kalt läuft es ihr hinterher. Jeden Tag kommt es näher. Sie ist unheilbar krank und ihre Ärzte sagen, sie wird es nicht mehr lange schaffen. Ihre Familie hatte es immer erwartet, doch trotzdem sind alle geschockt, auch Alex.

Aber an diesem Morgen entscheidet sie, dass die Angst vor dem Tod nicht den Rest ihrer Zeit bestimmen soll. Sie denkt darüber nach, was sie in ihrem Leben noch machen will, und erstellt eine Liste. Mit ihr möchte sie mutig ihre Angst überwinden und im Moment leben. Zusammen mit Familie und Freunden will sie ein paar letzte, gute Erinnerungen schaffen.

Als es soweit ist, empfängt sie den Tod glücklich mit dem Wissen, dass sie gelebt hat und alle um sich herum inspiriert hat, sich nicht von ihrer Angst kontrollieren zu lassen.

ELENA (17)

AUFSTEHEN.
NOCHMAL AUFSTEHEN.
MEINEN MUT ZUSAMMENNEHMEN.
GOTTES KRAFT ERNEUT SPÜREN.
STARK!

NICOLA (16)

DUNKELHEIT.
DIE WELT
SCHEINT SO ZERBROCHEN
IN TAUSEND KLEINE SCHERBEN.
GOTT?!.

VIVIEN (16)

GOTT,
DER BESCHÜTZT,
DEM ICH FOLGE.
ER BEGLEITET MICH FÜR
IMMER.

TILL (16)

HIMMEL
DORT GOTT?
KANN NICHT SEHEN.
ICH BRAUCHE DEINE HILFE!
GEBET.

ANNIKA (17)

15

II SELBSTWERDEN

Sie ist jemand, die einem nicht besonders auffällt.
Wenn sie so still dasitzt, ist es fast so, als würde sie nicht existieren.
Keiner sieht sie. Sie ist wie ein Geist. Selbst für mich war sie
unsichtbar wie der Wind, der in der Schule umherwanderte.

Doch ein Moment in der Stille und sie kam aus ihrem Gewand
und fing an zu leuchten. Wahrscheinlich sah sie mich nicht,
dachte, sie wäre alleine. Mit ihren Kopfhörern in den Ohren
fing sie an zu tanzen und vor Licht zu strahlen. Sie schien
heller als die Sonne selbst und war frei. Die Welt gehörte ihr
und somit auch mein Herz. Ihr Selbstbewusstsein überwältigte
mich. Die Musik ließ sie sich verwandeln und ihr wahres Ich
zeigen. Sie war außergewöhnlich. Selbst ich fühlte mich durch
ihre Anwesenheit besonders, da ich der Einzige war, der sie
so sehen durfte.

Zwar weiß ich nicht, welche Musik sie hörte, doch das brauche
ich auch nicht zu wissen, denn eine Musik, die sie so sich
verwandeln ließ, ist magisch und einzig und allein für sie
bestimmt und für keinen anderen sonst.

ANNIKE (17)

Die Welt steht im Aquarium von düsteren Schatten
umgeben. Sie zieht vorüber in das hellblaue Gelb
der Sonnenblumen und steht wie ein einzelnes Haar
vor einer Wand aus überhäufenden Fragen.
Sag mir deine Zeile und wir fliegen durch den rosaroten
Himmel aus Tassen und Fahrrädern.
Kenn ich das Kommende?
Die Realität holt die schreienden Pinguine ein.
Es ist Zeit sich zu lösen und aufzugehen wie wartender
Teig vor dem Backen.
Ich schicke das neue Leben.
Das Tränenkleid fällt und der Vorhang zieht sich aus.
Es ist, wie es ist, und der Sommer bleibt wie schwirrende
Mücken in Erinnerung und braust zum feuerroten Raumschiff.
Ich bin die Astronautin und pflücke das Glitzern.

VIVIEN (16)

Und schon kommen Tagträume, ruhig und tückisch.
Wo bin ich hier gelandet?
Habe ich schon wieder vergessen,
was um mich herum passiert!
Muss wohl doch aufwachen,
obwohl auf anderen Seiten von Realität
alles viel wunderbarer ist.

Sehe mich um mit müden Augen.
Alles grau. Getüpfelt mit schwarzem Egoismus.
Hier wegsehen, dort missachten.
Reiche, Gesunde schreien nach mehr:
mehr Geld, mehr Macht, mehr Aufmerksamkeit.
Nochmal eben auf die Malediven geflogen,
den Klimawandel ignoriert.
Scheint die Gesellschaft ein sinkendes Boot zu sein,
doch wenige scheint es zu kümmern.

Müsste mal nach Farbe suchen.
In manch unberührtem Stück Grün
könnte sie stecken.
Vielleicht auch dort im unbeschwerten Lachen.
Ein schwacher Schein Hoffnung.

Wer wohl noch in Tagträumen steckt?
Sollte ich sie wecken, sie um Hilfe bitten,
Hoffnung erstrahlen zu lassen?
Morgen, dann vielleicht.
Morgen.

ELENA (17)

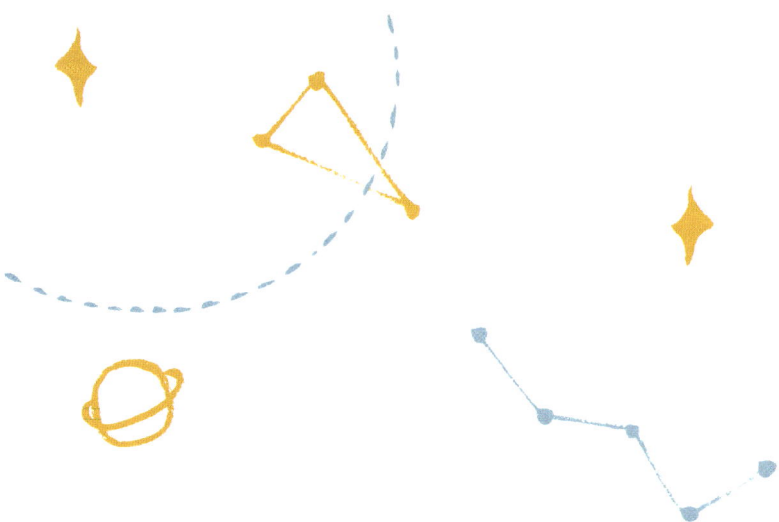

Unantastbar wie der weit entfernte Sternenhimmel.
Unantastbar wie das so anziehende Lodern des Feuers.
So unantastbar mache ich mich selbst.

Es ist, als würde ich mein Herz unabsichtlich einmauern,
als würde ich mein Herz daran hindern,
seinen eigenen Rhythmus zu finden.
Ich mache es so unantastbar.
Unantastbar,
damit es nicht in tausend kleine Scherben zersplittert.
Unantastbar,
um es vor der großen Welt da draußen zu beschützen.
So unantastbar, weil die Angst es mich nicht öffnen lässt.

Dabei sage ich dir, Herz: *Öffne dich!*
Unantastbarkeit bedeutet nicht Unverletzlichkeit
und lässt du dich berühren,
wirst du vielleicht eines Tages strahlen.

VIVIEN (16)

In großen, bunten Nebeln, breiten Ringen
und schwarzer Weite ist alles klein.
Teile eines Schatzes, den niemand besitzt.
Galaxien und Sternenhaufen, so strahlend.
Das Nichts und das Zehrende bleiben unbegreiflich.
Wir alle sind wertvolle Teile großer Geheimnisse.

ELENA (17)

Allein
Sand, Muscheln
Gedanken verlieren sich
Nur Ebbe und Flut
Frieden

LILLI (16)

Ich habe einen Teil von mir verloren.
Bin nur ein Schatten meiner selbst.
Ihr seht es nicht – wie auch?
Ich kann es gut verbergen.
Zeige das Lachen,
das ihr doch alle sehen wollt.
Keiner von euch kennt die Höhle,
in der ich mich Tag für Tag,
Sekunde für Sekunde tiefer verirre.
Keiner von euch kennt die Monster,
denen ich dort begegne,
die ich zu bekämpfen habe.
Keiner von euch kennt die Ängste,
die mich begleiten,
wohin ich auch gehe.
Ihr alle sagt, ihr würdet mich kennen.
Dabei hat keiner bemerkt,
dass ich stiller geworden bin.
Keiner von euch weiß,
dass ich nur ein Schatten
meiner selbst bin.

VIVIEN (16)

Du setzt dich auf eine Parkbank, zückst deine Kopfhörer.
Es ist mitten in der Nacht und Musik beginnt.
Auf einmal wird alles um dich herum magisch.
Schallereignisse werden Erlebnisse
und du lauschst dem Klang einer E-Gitarre.
Wilde Harmonie trägt die königliche Eleganz
eines Tigers und das Feuer der Laternen
funkelt zu den Sternen.
Die fesselnde Freiheit hindert dich nicht
aufzustehen, zu rennen, tanzen, schaukeln
oder was dir noch in den Sinn kommt.
Unendlich frische Luft lässt dich wach fühlen.
Du vergisst, dass du aus Knochen bist,
drehst dich gegen den Wind.

Genau dann genießt du das Glück,
die stürmische Sinfonie der Nacht
und die leuchtende Pracht der Freiheit.
Genau dann vergisst du die Zeit,
siehst die Schönheit der Dunkelheit,
bis du erschöpft in ein Bett
aus weichem Kerzenwachs fällst und
neben einem Stofftier zu träumen beginnst.

EMILIA (17)

III ICH UND DU

Unsere Blicke trafen sich.
Deine Augen schienen zu flüstern:
Ich will dich,
und alles, was ich wusste, war,
dass ich dich genauso wollte.

Du schienst fehlerlos,
irgendwie perfekt
und schafftest es sofort,
mich in deinen Bann zu ziehen,
zu verzaubern.

Die ganze Nacht schien zu erstrahlen
in deinem, in unserem Licht.

Irgendwie wusste ich,
dass unsere Geschichte
hier nicht enden würde,
sondern gerade erst anfing.

VIVIEN (16)

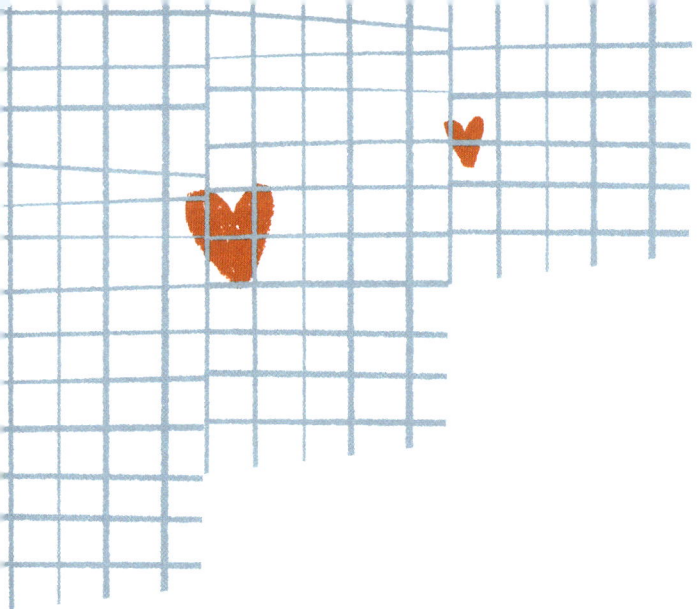

Was wäre,
wenn ich dir einfach die kalte Schulter zeigte?
Ja, was wäre dann?
Wäre es dir egal
und du suchtest dir direkt eine Neue?
Oder würdest du zurückkommen
und um meine Aufmerksamkeit flehen?
Würdest du jemals fragen, was los ist,
wenn ich dir keine Aufmerksamkeit gäbe?
Würdest du jemals fragen, wie es mir geht?

Wirst du jemals lernen, wie man etwas repariert:
ein Fahrrad, eine Wasserleitung, eine Liebe?

NICOLA (16)

Warum? Warum tust du schon wieder weh?
Auf eine Weise, die mich so tief trifft,
dass es nicht an die Oberfläche tritt,
mich aber total verwirrt und verletzt.
Denn auch, wenn ich dachte,
ich wäre endlich über dich hinweg,
merke ich immer wieder,
wie viel du mir noch bedeutest.

LILLI (16)

Ich stehe auf und denke an dich.
Du nimmst mich so, wie ich bin.
Ich kann dir alles erzählen.
Du nimmst mich so, wie ich bin.
Ich kann lachen und weinen mit dir.
Ich kann anderer Meinung sein
und du akzeptierst sie.
Du nimmst mich so, wie ich bin.
Ich danke dir dafür.

NICOLA (16)

Wenn ich dich sehe,
springt mir mein Herz aus der Brust.
Aber das ist falsch.
Das darf es nicht.

Ich verstehe nicht, warum.
Mein Verstand sagt NEIN,
doch sobald mein Herz dich spürt,
kreist mein Universum um dich.

Mir kribbeln die Hände.
Ich will dich halten.
Ich will dich küssen.
Aber ist es falsch?
Du bist wie ich.

ANNIKA (17)

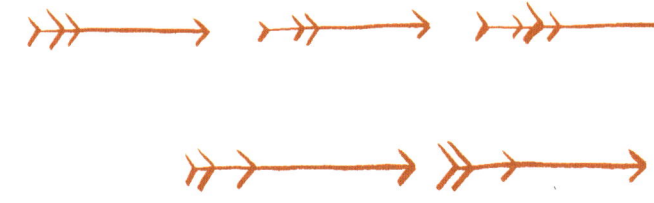

VERLOREN.
GOTTES HAND.
HÄLT SIE MICH?
WIRD SIE MICH RETTEN?
ZWEIFEL.

NICOLA (16)

GLÜCK
UMGIBT MICH,
HÄLT MICH FEST,
LÄSST MICH NICHT LOS.
DANKE!

VIVIEN (16)

HIMMEL.
BIN SORGLOS.
ICH FLIEGE UMHER.
MIT GOTT IM REINEN.
FREIHEIT.

TILL (16)

SPUREN
GEHEIMNISVOLLES LICHT
PORTAL ZUR VERGANGENHEIT
BUNTE STIMMEN RUFEN VERLOCKEND
VERSUCHUNG

ELENA (17)

IV POETRY SLAMS

Was siehst du, wenn ich sage: Superheld?
Wahrscheinlich einen großen, starken Mann,
der fliegt durch den Himmel und rettet die Welt
und zeigt, was er kann, und bekampft das Böse,
hat Laseraugen oder Röntgenblick,
ist irgendwie immer besser als du,
wenn auch nur ein kleines Stück.
Er wird von allen verehrt und zeigt keine Fehler,
hat dies einmalige Lächeln, das find's du nie wieder.
Vielleicht denkst du an Superman oder Iron Man,
vielleicht auch an Wonderwoman.
Das ist wenigstens `ne Frau, aber auch die
stellt keine Fehler zur Schau.

Was siehst du, wenn ich sage: Superheld?
Siehst du wirklich einen großen, starken Mann,
der fliegt durch den Himmel und rettet die Welt?
Ich kann dich verstehen und das Bild ist okay,
auch ich finde Marvel Filme sind was Tolles für die Welt.
Aber ich will dir ein anderes Bild zeigen,
weil Fliegen und mit Bösewichtern kämpfen
ist für mich nicht das, was zählt.
Denn wenn mich jemand fragt:
Was siehst du, wenn ich sage: Superheld?
seh ich nicht einen großen, starken Mann,
der fliegt durch den Himmel und rettet die Welt.
Ich seh die kleineren Dinge und wirkliche Menschen.
Frauen und Kinder und dann auch mal Männer.
Und diese Menschen zeigen auch, was sie können,
und durchbrechen dabei ihre eigenen Grenzen.

Sie zeigen Stärke, beweisen Mut und, ganz ehrlich,
vor diesen Menschen zieh ich den Hut.

Da ist der achtjährige Junge, der hat ´ne kleine Schwester.
Sie ist krank und ihr fällt alles schwer.
Er setzt sich neben sie und gibt ihr seinen Teddybär.
Vielleicht wirst du sagen: Ist ja gut,
doch was bedeutet das schon, er rettet ja nicht die Welt.
Aber ich weiß,
für das kleine Mädchen ist ihr Bruder ihr Held.

Es gibt viele Arten von Helden und wenn du mich fragst:
Was siehst du, wenn ich sage: Superheld?
seh' ich eine beste Freundin, die ihrer besten Freundin zuhört
und ganz viele Sachen mit ihr macht
und sich tausendmal das gleiche Problem anhört,
damit ihre Freundin endlich wieder lacht.
Und auch wenn du sagst:
Das kann man nicht vergleichen mit den Avengers oder Supergirl,
das ist nichts Großes, was zählt,
für mich ist meine beste Freundin manchmal ein echter Superheld.
Nebenbei glaub ich, das bin ich auch für sie,
ohne jetzt übermütig zu sein,
aber ich versuche immer zu helfen
und rede keins ihrer Probleme klein.

Was siehst du, wenn ich sage: Superheld?
Siehst du immer noch den großen, starken Mann,
der fliegt durch den Himmel und rettet die Welt?
Ja? Dann frage ich dich: Ist der Feuerwehrmann,
der sich für dich in die Flammen stürzt,
oder die Krankenschwester,

die die ganze Nacht für deine Gesundheit wacht,
oder das 16-jährige Mädchen,
das sich allein mit einem Schild auf die Straße stellt
und den Politikern zuruft „How dare you?!",
ist das für dich etwa kein Superheld?

Jeder von uns hat seinen persönlichen Superhelden
und wenn ich dich jetzt frage:
Was siehst du, wenn ich sage: Superheld?
Ich denke, du siehst nicht mehr den großen, starken Mann,
der durch den Himmel fliegt und rettet die Welt.
Du siehst wahrscheinlich Menschen,
die Mut beweisen und dich glücklich machen.
Sie helfen dir, bringen dich nach schwierigen Zeiten
wieder zum Lachen.

Für mich sind das meine Familie, meine Schwester,
das sind auch Menschen, von denen ich neue Dinge lerne,
vor allem meine Freunde zeigen mir in dunklen Zeiten die Sterne.

Auch wenn wir manche Fehler haben: Wir alle können Helden sein.
Egal, ob Superheldin oder Superheld, ob groß oder klein,
ich bin mir sicher, irgendwer sieht auch in dir einen Held,
denn du trägst zwar kein cooles Cape oder fliegst durch den Himmel,
aber du rettest seine Welt.

VIVIEN (16)

NEUANFANG

Das Telefon tutet. Du hast aufgelegt.
Eine Stunde lang haben wir uns aus voller Kehle aufgeregt,
angeschrien, beschuldigt, beschimpft.
Und nun? Ohrenbetäubende Stille.
Wir haben diskutiert, bis uns die Argumente ausgegangen sind.
Der Wille zu kämpfen, festzuhalten, Lösungen zu finden, war da.
Doch selbst nach so langer Zeit
war es für dich einfacher zu verschwinden.
Ich versteh. Es tut manchmal weh zu empfinden.
Dieses Mal konntest du dich wohl nicht überwinden.

Ich schmeiß das Telefon gegen die Wand
und schau auf meine zitternde Hand:
ein feiner, silber-glitzernder Ring ziert meinen Finger.
Sonst hat er immer ein Lächeln auf meine Lippen gebracht.
Doch nicht heute. Nicht in dieser Nacht. Die Nacht der Nächte.
Die, in der ich zum letzten Mal deine Stimme hören sollte.

Die Monate danach waren einfach unerträglich.
Erinnerungen an dich haben meinen Alltag bestimmt,
mein Herz jeden Tag aufs Neue gebrochen und wieder gebrochen.
Beim Einkauf? Dein Lieblingsgetränk.
Mein Geschirr spülen? Deine Lieblingstasse.
Bei jeder Nachricht der kurze Gedanken,
dass sie von dir sein könnte,
und jeden Abend im Bett habe ich an deinem Kissen gerochen.

Du bist einfach überall. Oder du warst?
So kann es nicht weitergehen.
Ich brauche Abstand!
Etwas Neues ganz ohne dich. Sonst verliere ich noch den Verstand.
Ich packe meine Sachen. Aber nicht deinen Kram.
Nein, nur die, die mich glücklich machen.
Ich hätte nie gedacht,
dass mein ganzes Leben in nur zwei Koffer passt,
doch gerade das ist es, was die Neugier in mir entfacht.
Neu. Ganz neu.
Ein neuer Weg und es gibt nichts, was mir im Wege steht.
Ich gehe fort, einfach an einen neuen Ort.

Und wer weiß?
Vielleicht bleibe ich mir diesmal selbst treu.
Finde mein altes Ich wieder, nicht mehr so scheu.
Neuer Ort, neues Glück?
Jetzt bin ich frei, kann endlich starten,
lasse mich von nichts mehr halten.
Es gibt kein Zurück.

VALERIA (17)

DAS HANDBUCH DER LIEBE

Du fragst mich, was Liebe ist?

Und ich würde dir gerne sagen, was Liebe ist.
Ich würde dir gerne eine Antwort darauf geben, dir eine Anleitung
in die Hände drücken mit der Aufschrift *Das Handbuch der Liebe*.
Aber ehrlich gesagt: Dafür müsste ich ja erstmal selber wissen,
was Liebe eigentlich ist.

Ich habe oft gesehen, was Liebe genannt wurde.
Ich habe gesehen, dass Liebe zwischen zwei Menschen war,
ohne dass sie es selber wussten oder sahen.
Ich habe gesehen, dass Menschen vor Liebe blind waren,
sowohl im positiven als auch im negativen Sinne.
Ich habe gesehen, dass Menschen - vor Selbstliebe erblindet –
nicht mehr in der Lage waren, ihre Liebe auf andere zu übertragen.
Ich habe gesehen, wie Liebe gerade neu entstanden ist.
Wie die kleinen Schmetterlinge aus ihren Kokons geschlüpft sind
und anfingen, im Bauch der beiden jungen Menschen umher zu
flattern.
Erst noch zögerlich, doch mit der Zeit immer mutiger und sicherer.
Ich habe aber auch schon lange vorhandene Liebe gesehen
zwischen einem alten Ehepaar.
Und ich habe Liebe gesehen, wie sie gerade erloschen ist.
Ein Wort des Gegenübers, das die Schmetterlinge des anderen
zum Erlöschen brachte, endgültig.

Ich habe gehört, dass Menschen die drei magischen Worte
Ich liebe dich gesagt haben. Doch manche haben es nicht so
gemeint, sich selber belogen, und ihrem Gegenüber so falsche
Hoffnung gemacht.

Manche haben aus Freundschaft Liebe entstehen lassen
und wieder andere sind gescheitert, wenn ihr Gegenüber diese
Worte nicht erwidern konnte.
Manche dachten sich aber auch, es wäre zu uncool, diese drei
Worte auszusprechen, dachten: *Will das heute überhaupt noch wer
hören?*

Was wollen wir heute also überhaupt noch hören,
wenn es um das Thema Liebe geht?
Und was hören wir, wenn sich jemand uns gegenüber öffnet?
Merken wir, dass mehr dahintersteckt, oder sind wir alle einfach
zu blind geworden, dass wir es nur noch mitbekommen, dass
jemand uns mag, wenn er die drei Worte expliziet sagt.
Müssen wir es also aussprechen, Ich für meinen Teil
bin echt nicht gut darin, sogar extrem schlecht darin ehrlich zu
sein mit meinen Gefühlen und wenn mich jemand fragt, wo das
Problem liegt, kann ich drauf keine Antwort geben. Da ist irgendwas zwischen Angst vor der Enttäuschung und dem Wissen, dass
es nicht so sein wird wie vorher, und ich denke mir, dass ist es das
Risiko nicht wert.

Und du fragst mich erneut: Was ist Liebe?
Ich hab keine Ahnung.
Ich hab keine Ahnung, ab wann man von Liebe spricht.
Ich habe aber Menschen sagen hören, dass man es spürt,
wenn die Liebe da ist. Dass man ein Gefühl von Ankommen,
ein Gefühl von Zuhausesein spürt und dass dieses gewisse Etwas
die Glücksgefühle immer und immer wieder neu entfacht.
Vielleicht ist das also Liebe.

Vielleicht ist Liebe aber auch schon längst da und unsere
verzweifelte, krampfhafte Suche könnte längst ein Ende haben.

Vielleicht ist Liebe auch ganz einfach und gar nicht so kompliziert, wie wir immer denken.

Vielleicht ist Liebe auch etwas, wo man sich einmal ganz sicher sein kann.

Vielleicht ist Liebe aber auch genau da, wo die ganzen Vielleichts endlich ein Ende haben.

Ich weiß die Antwort auf die Frage *Was ist Liebe?* also immer noch nicht und deshalb frage ich dich:
Was ist Liebe?

LILLI (16)

Die Pubertät ist eine interessante Zeit, nicht wahr?
Die kleinen Kinder werden von den süßen, kleinen Lieblingen
zu den kleinen Monstern mit Akne und Stimmbruch.
Na gut, nicht alle mutieren zu Monstern, doch die Mehrheit
benimmt sich trotz allem wie wilde Affen im Dschungel.
Die Schule verwandelt sich in ein Schlachtfeld aus Schweiß und Deo
und alle mussen zeigen, wie krass sie sind.
Die Menge teilt sich entzwei und das Kippen beginnt.
Wer anders ist, wird in den Schatten geschoben zu all den anderen,
die zu den Gesellschaftsaußenseitern gehören.
Doch sieht denn keiner, dass die Schattenkinder gerade
diejenigen sind, die heller als jedes Feuerwerk strahlen?
Sie sind die wahren Krieger, die den Kampf von Pubertät
gewinnen werden.

Doch um diese Teenager geht es heute nicht.
Heute geht es um den wahren Schrecken: die 13jähriger
Teenager, die meinen, zu allem eine Meinung zu haben
und das nicht gerade auf die positive Art.
Man könnte sie auf die Rangliste mit den gefährlichsten Tieren
setzen und dreimal darfst du raten, auf welchem Platz die
Teenies sind. Denn pubertierende Teenager sind die gruseligsten
Tiere auf diesem Planeten. Nicht der Hai mit seinen scharfen
Zähnen oder der Tiger mit seinen Klauen. Nein, es ist der
Teenager und weißt du, warum? Hast du jemals diesen BLICK
von einer Gruppe 13jährigen bekommen? Der ist schlimmer,
als wenn ein Greifvogel dich sieht und sich denkt *lecker Futter!*
Der Vogel sieht dich wenigstens noch als Fressen, doch dieser
BLICK ...! Dieser BLICK lässt dich alles anzweifeln, was du
jemals getan hast. Er bohrt sich durch deinen Kopf in deine

Seele. Plötzlich hast du das Gefühl, du läufst wie ein Flamingo mit Behinderung, und die größte Angst, die du jemals gespürt hast, rast mit 500 km/h durch deinen Körper. Erst wenn du ihrem BLICKfeld entkommen bist, bricht sich der Bann und dein Blut entspannt sich.

Diese Gruppe von 13jährigen ist schon etwas Gruseliges, aber auch so faszinierend. Sie tauchen auf in Herden und führen sich auf wie Wölfe, doch merken gar nicht, dass sie alle Schafe sind, die nach der Pfeife des großen Wolfes, genannt „Gesellschaft" tanzen. Sie beginnen, eine Meinung zu entwickeln, doch merken gar nicht, dass diese nicht ihre eigene ist. Wie ein Trojanisches Pferd schleicht sich die Allgemeinheit mit Idealen und Vorstellungen in ihre Köpfe, um ihnen das vorzugaukeln, was sie nie wirklich erreichen können. Perfekte Welt hin oder her ... fehlt nur noch der Märchensprecher und schon haben wir die Idylle, die alle erwarten.

Aber auch wenn es so einfach ist, über all diese Monster zu reden, kann ich es nicht verschweigen, dass auch ich einst ein Schaf im Wolfspelz war. Doch nicht lange war ich Teil der Herde: So wie es von Sommer zu Herbst wechselt und die Blätter verwelken, so verwelkten auch ihre Beziehungen zu mir. Eh ich mich versah, landete ich im Schattenreich und sah alles schwarz ...

Plötzlich ein Knall von Konfetti und ich lernte alle meine Freunde kennen, knüpfte Freundschaften, die bis heute halten. Ich hatte Glück, diese Chaoten kennenzulernen, und hoffe, dass es anderen Teenagern aus dem Schattenreich auch so ergehen wird.
Also, setzt euch auf eure Fahrräder, denn Pferde können Furcht einflößen und für andere Fahrzeuge seid ihr zu jung!
Kämpft auf dem Schlachtfeld der Pubertät für eure Freiheit!

ANNIKE (17)

CORONA KOMA

Die Frage, die ich mir grad stelle:
Wann endet diese Krankheitswelle?
Ich schlepp mich jeden Tag umher.
Das Leben ist unfassbar schwer.
Man denkt, irgendwann geht es wohl weiter,
doch die Situation ist eher wolkig als heiter.
Ich schlepp mich vom Kühlschrank ins Bett.
Kein Mensch in Deutschland ist mehr nett.
Ich stehe auf,
ich schaue raus:
Der ganze Himmel voller Clouds.
Die Vögel ziehen, die Sun geht nicht auf,
bin immer nur im Haus.
Ja, das Leben wie ein Hauch.
Hab ein mieses Gefühl.
Ich glaub, ihr auch.

Auch du hast mich im Stich gelassen,
hast mich einfach ohne Grund verlassen.
I got ups and downs with you,
denn mit dir war nicht mehr alles cool.
Du schreist mich an. Was soll ich tun?
Ich weiß, auch mit mir war nicht mehr alles gut.
Hab mich gefragt, wie lang das gehen soll,
und ich wusste, dass ich´s bald bereu,
dachte, diesmal wird es anders,
aber langsam wurd´ der Streit zum Standard.

Ich steige aus und werde diese Gitter brechen.
Ich gehe raus, fang wieder an zu sprechen.

Sollte ich jemals anfangen zu wein´,
dann hau ich mir `ne Axt ins Bein.
(Peter Fox)

TILL (16)

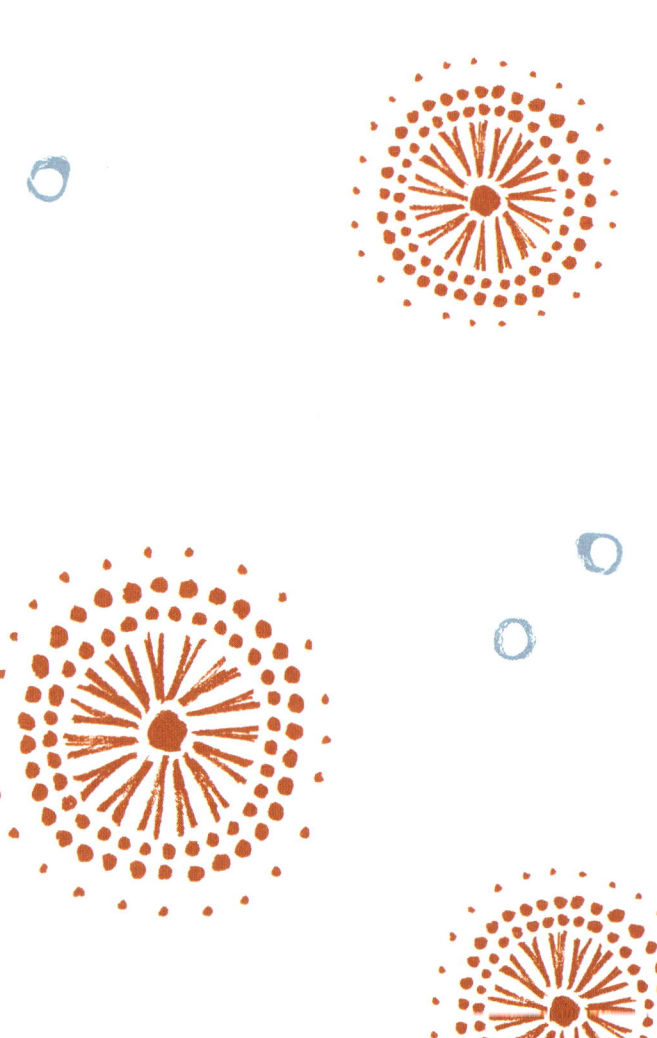

GEISTESBLITZ

Letztens saß ich in meinem Zimmer, mal wieder,
und hab ein wenig nachgedacht, mal wieder …
und bin zu einem Schluss gekommen,
aber ohne zu Spoilern leg ich jetzt mal los:

Ich will eigentlich aufstehen, will Freunde sehen,
paar Sachen machen, einfach lachen,
Sport treiben, doch lass es bleiben.
Und dann denke ich über die Welt:
Wie kommen Menschen zu viel Geld?
Warum dreht sich diese Erde?
Waren in Lasagne vielleicht Pferde?
Und am Allerwichtigsten, warum mach ich nichts?
Bin immer noch dabei, mich ins Denken zu versenken,
ohne den Gedanken zu hegen, mich vielleicht mal zu bewegen,
einfach grundlos loszulegen.
Ohne wirklich zu erklären, warum ich jetzt was mach.
Und wieder schieb ich's auf das Virus, denk mir,
ohne wär schon längst Schluss mit dem Nichtstun …
und ich würd' aufstehen, endlich Freunde sehen,
tolle Sachen machen, einfach mal lachen,
Sport treiben, lass Garnichts bleiben und fange an.
Natürlich ist das surreal, gedachtes Denken ist egal,
nur Taten zählen ja am Ende
und bevor ich meine Kraft verschwende,
mach ich lieber nichts.

Denn vielleicht komm' ich zu keinem Schluss,
die schönen Ideen waren Stuss
und bevor ich was bereuen muss,
ist's logisch, nix zu tun.

Dann plötzlich – ein Geistesblitz – alles Gedachte war ein Witz,
mein guter Versuch, mich selbst zu betrügen,
mich immer wieder anzulügen
um zu rechtfertigen ... dass ich einfach ... faul bin.

Ein wenig ist wohl trotzdem wahr,
mit Rausgehen wird nichts ... logisch, klar;
und dennoch kann ich Vieles machen,
gibt ja so viele, schöne Sachen:
Ich könnte eine neue Sprache lernen, eine Orange entkernen,
könnte ja erstmal aufstehen, im Video meine Freunde sehen,
könnten super Sachen machen, wieder mal gemeinsam lachen,
könnte Sport treiben, ein kleines Lied schreiben
oder einfach irgendwas!

Und urplötzlich ist's nicht egal, gedachtes Denken wird real,
von jetzt auf gleich ganz motiviert, hab keinen Plan,
wie das passiert,
mal endlich wieder Spaß am Leben
und muss dafür fast gar nichts geben.
Nur weniges von meiner Zeit. Und dazu ... bin ich gern bereit.

GERRIT (16)

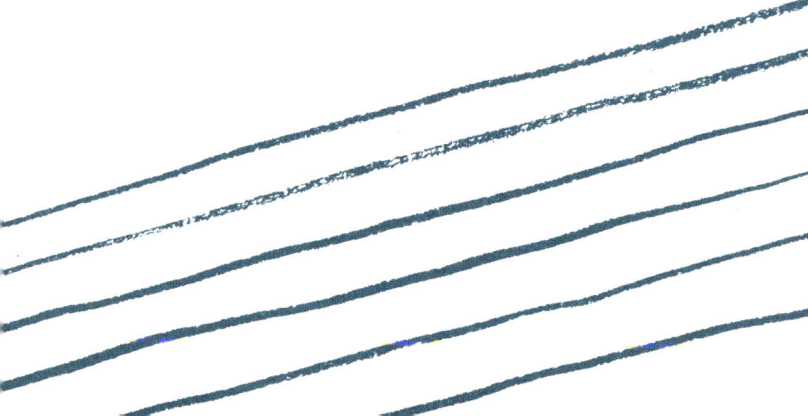

WÄRE GERNE...

Ich habe noch so viel zu tun. Dennoch liege ich nur in meinem Bett.
Wechsele von einer Social Media Seite auf die nächste. Sehe die
perfekte Welt. Die Glamour-Welt. Einen Eindruck nach dem anderen.
Sage zu mir selbst: *Die Langeweile wird bestimmt bald vorbeigehen,
nur wann?* Fühle mich motivationslos, antriebslos. Starre an die
Decke.
Wäre ich doch woanders!
An einem Ort, wo keine leeren Gedanken existieren.
Vielleicht sollte ich mal was Neues ausprobieren,
mir die Haare abrasieren?
Wäre gerne auf einer einsamen Insel, genieße das Meer,
den Sonnenschein, liege am Strand, höre den Wellen zu.
Ein Tag vergeht wie der andere – langweilig.

Schaue auf die Uhr: fünf nach zwei, gerade Mittagessen vorbei.
Rechne mir aus, wie lange ich warten muss,
bis ich Abendessen kann.
Gehe zurück ins virtuelle Leben,
wo alle nach Perfektionismus streben,
sehe mich um, entdecke Spinnenweben.
Schaue auf WhatsApp, ob ich Nachrichten erhalten habe.
Nicht hier, dann vielleicht auf Instagram?
Nein, keine einzige.
Dann scrolle ich halt weiter durch das schöne Leben.
Wäre gerne ein Vogel, bin frei, kann fliegen,
jeden Tag einen anderen wunderbaren Ort genießen,
doch auch irgendwie immer dasselbe – langweilig.

So schleichen die Minuten dahin.
Es sind schon so viele vergangen, ohne dass ich gelebt habe.

Stehe auf. Habe ich Hunger?

Fünfmal Kühlschrank auf- und zugemacht.

Nichts Essbares zu sehen.

Ruhigbleiben, nicht durchdrehen.

Vielleicht sollte ich einkaufen gehen?

Der Gedanke verfliegt so schnell, wie er gekommen ist.

Schlüpfe zurück unter meine kuschelige Decke.

Alles so still um mich herum.

Sehne mich nach Vogelrufen am Himmel,

nach dem Plätschern eines Bachs im Tal,

dem knirschenden Schnee unter meinen Füßen.

Wäre gerne in den Bergen, sehe den Sonnenaufgang zwischen den

Gipfeln, fahr mit dem Schlitten hinunter ins Tal,

zum wiederholten Mal.

Die Kälte im Gesicht, so schön, aber ohne Ziel – langweilig.

Ich zwinge mich aufzustehen.

Ein bisschen frische Luft schnappen.

Stelle mich ans Fenster.

Draußen herrscht buntes Treiben.

Viele glückliche, gehetzte, in Gedanken versunkene Gesichter.

Die Wolkendecke wird dichter.

In der Ferne zucken schon die ersten Lichter.

Ich weiß nicht, wie lange ich die Menschen beobachtet habe,

aber es ist spät. Endlich ist dieser beschissene Tag vorbei!

Ich fühle mich schlecht.

Nur auf der faulen Haut gelegen. Nichts erledigt.

Sehe wieder nach draußen. Die Sterne von Wolken bedeckt.

Wäre gerne im All, Totenstille, mich von Schwerelosigkeit treiben

lassen.

Ist es das, was ich wirklich will?
Langsam fallen meine Augen zu
und ich verschwinde ins Traumland – langweilig.

Ich werde wach.
Durch mein Fenster scheint heller Sonnenschein.
Die Gedanken von gestern sind augenblicklich klein.
Heute werde ich produktiver sein.

ANNIKA (17)

DIE VERRÜCKTE REALITÄT

Ich bin fast volljährig,
aber wenn ich so durch mein Zimmer schaue,
dann bin ich mir nicht so sicher,
ob ich eher 40 oder 14 bin.

Auf einen Blick sieht man eine Marmorstatue von
Johann Sebastian Bach, die über riesige Hundekopf-Pantoffeln
neben Tiermagneten wacht.
Und dann mein Nachttisch, sehr seriös und schlicht,
verdeckt eine große Diskokugel voll von buntem Licht.
Mein Bettzeug, mit leichten, grauen Streifen, - ein Traum -,
verbirgt geschickt Plüschtiere im Raum.
Und neben einem Newton-Pendel aus metallischen Kugeln
sieht man bunte Filzstifte in einer alten Tasse rumtrudeln.

Auf dem ersten Blick scheint alles so geordnet und vernünftig,
organisiert und durchdacht, neutral und erwachsen,
doch das ist es nicht.
Vielmehr findet man, je mehr man sucht, die verrückte Realität.
Und auch, wenn man scheinbar langsam erwachsen wird,
bleibt man immer ein Kind.

Wenn ich in meinen Schrank schaue und all die dunklen
Kleidungsstücke erblicke, dezenten Schmuck,
daneben schicke Uhren sehe,
vergess ich doch nie diese eine Schublade
gefüllt mit Sockenpaaren, die in ihrer Vielfalt strahlen:
von Rindern zu exotischen Tänzern, Autos zu klassischen Gemälden
und Sehenswürdigkeiten bis hin zu ausgefallenen Mustern und
hüpfenden Mormonen.

Und dabei hatte ich nie vor, Socken zu sammeln.
Ähnlich fing es auch mit der Wand an.
Sie ist geschmückt mit komischen Dingen, die bald um Platz ringen
und an der Wand singen.
Die Auswahl geschah erneut durch Zufall: eine Collage aus Fotos,
Postern, Postkarten, Dollars und ausgeschnittenen Kuriositäten,
die lediglich durch Fantasie miteinander verbunden sind.

Auf dem ersten Blick scheint alles so geordnet und vernünftig,
organisiert und durchdacht, neutral und erwachsen,
doch das ist es nicht.
Vielmehr findet man, je mehr man sucht, die verrückte Realität.
Und auch, wenn man scheinbar langsam erwachsen wird,
bleibt man immer ein Kind.

Ich habe mein Leben zwar im Griff, doch findet man
in meinem Nachttisch Knicklichter, Kinderschokolade und
einen Kopfkrauler.
Gegenüber die brilliante Kombination aus meiner
Nintendo-Spielkonsole und edelem Weißwein.
Doch ich meine, dass die alten Schallplatten und Polaroid-Kameras
mit nur wenigen Macken im Licht der LED-Streifen und Sterne
aus einem Projektor naher Ferne so erst richtig ihren Charme
zeigen.
Und so schweigen die frischen Pflanzen in ihren alten Töpfen
nicht in ihren Köpfen, ohne zu erschöpfen.

Auf dem ersten Blick scheint alles so geordnet und vernünftig,
organisiert und durchdacht, neutral und erwachsen,
doch das ist es nicht.
Vielmehr findet man, je mehr man sucht, die verrückte Realität.
Und auch, wenn man scheinbar langsam erwachsen wird,

bleibt man immer ein Kind
und das ist gut so!

Und auch, wenn ich mir ein Schach - statt eines Brettspiels gekauft habe, so werde ich doch immer mit meinem Nintendo spielen, bunte Socken tragen, andere Menschen fragen, dumme Dinge sagen, Risiko wagen und erfüllt sein mit leuchtenden Farben.

EMILIA (17)

LEBEN.
GLÜCKLICH SEIN.
ICH GLAUBE, DU
MACHST MEINE WELT BUNTER,
GOTT!

ANNIKA (17)

GLAUBE
GIBT HOFFNUNG,
LÄSST MICH ZWEIFELN,
HAT IMMER ZWEI SEITEN.
FRAGEN.

VIVIEN (16)

UNFRIEDEN.
WEISSE TAUBE.
WO BIST DU?
KOMMST DU HEUTE NOCH?
ZUVERSICHT.

NICOLA (16)

BLICK
NACH OBEN
IN DIE STERNE
UND EIN GEFÜHL VON
FREIHEIT

ANNIKE (17)

V LIED AN DIE STILLE

Du kannst überall sein.
In einem Klassenraum, wenn alle arbeiten,
in einem verlassenen Gebäude oder zwischen
zwei Menschen. Du kannst entspannend,
beruhigend, ein Zufluchtsort sein.

Manchmal aber bist du stressig
und setzt einen
unter Druck.
Du kannst lauter als alles auf der Welt sein.
Lauter als Flugzeuge, als das Bellen von Hunden,
als eine Baustelle.
Du wirst laut, wenn man es nicht will,
und leise, wenn man dich braucht.

Du bist zugleich Segen und Fluch,
Wasserfall und Vulkanausbruch,
eine Feder und ein Stein auf dem Herzen.
Du hast hunderte, tausende Formen
und doch bist du nur die Stille.

ANNIKE (17)

Ich bitte euch,
ihr ruhigen Begleiter:

ihr Berge, ihr Wälder,
ihr Wüsten, ihr Felder,
ihr Stummen, ihr Schüchternen,
ihr Traurigen, ihr Verspotteten,
ihr Beerdigungen, ihr Unannehmlichkeiten,
ihr Strafen, ihr Harten,
ihr Toten, ihr Geister,
ihr Vergessenen
lebt weiter!

Bitte, seid mein Gast in lauten Zeiten,
doch quält mich nicht,
wenn ich nicht bereit bin.

TILL (16)

Ich höre dich, du Stille.
Ich höre dich, wenn ich meine Ruhe habe.
Ich höre dich, wenn ich alleine bin.
Ich höre dich in der Natur.

Manchmal möchte ich dich nicht hören.
Manchmal rufe ich nach dir.
Manchmal kann ich dich nicht ertragen.
Manchmal brauche ich dich.

Du wunderschöne und zugleich unerträgliche,
du abwechslungsreiche und zugleich unveränderliche,
du machtvolle und zugleich machtlose
Stille.

SOPHIE (16)

Ich flüstere dich in all deinen Formen.
Ich flüstere die Einsamkeit, die plötzlichen Gedanken,
die Traurigkeit und das negative Schweigen.
Ich flüstere und bitte,
dass du mich in meinen dunklen Momenten nicht erdrückst.

Ich bin dankbar für die Erholung,
die Auszeit und das Aufatmen durch dich.
Ich flüstere das Wiederfinden zu mir selbst
und genieße deine kleinen, kurzen Augenblicke.

Du hast zwei Seiten.
Manchmal kann ich dich kaum erwarten,
verspüre drängende Vorfreude.
Manchmal kommst du im falschen Moment.
Dann werde ich dich nicht mehr los.

Doch wie beide Seiten zu dir gehören,
gehören sie auch zu meinem Leben
und ich werde durch dich stärker.
Jeden Tag und jede Nacht.

LILLI (16)

VI IMPRESSIONEN

WECKRUF

Frühmorgens fängt ein Wald an zu beben,
erwacht und grüßt die Sonne.
Versteckt im Morgennebel
öffnen Blumen ihre bunten Blüten.
Lieder ertönen,
zwitschern, rascheln, zirpen.
Der Wald vibriert voller Leben.
Vielstimmigkeit,
bis nachts es leise mystisch flüstert.

ELENA (17)

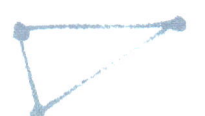

MONDNACHT

Spät abends in der Dunkelheit
Der Mond war auch schon da
Aussicht auf die Sterne weit
Der Himmel strahlend klar

Am Boden eine große Wiese
Irgendwo rauschte ein Bach
Ein Baum, erhaben wie ein Riese,
Behütete die Nacht

Frisch und frei war diese Luft
Jung, aber weise im Wiesenraum
Es schwebte umher ein Blütenduft
War es wirklich? War's ein Traum?

Da stand ich auf und rannte
Aus der stillen Wiese heraus
Und meine Seele spannte
Weit ihre Flügel aus.
(Joseph von Eichendorff)

EMILIA (17)

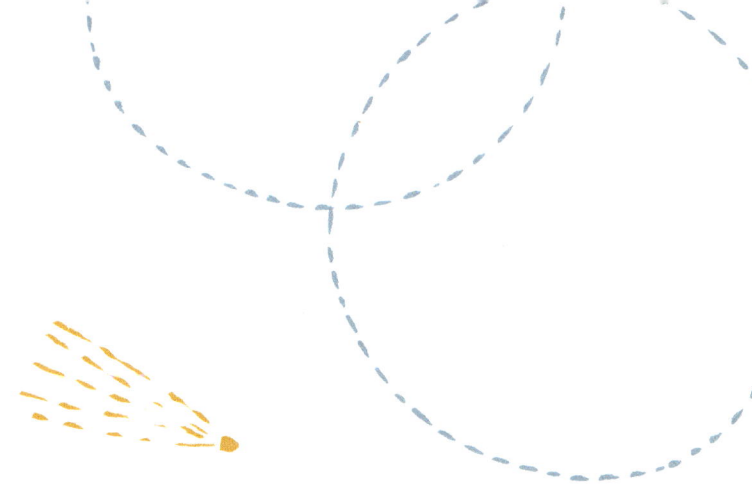

DER ADLER

Meine Seele spannte weit ihre Flügel aus
Ich war so frei wie nie zuvor
Wie ein großer Adler flog ich hoch hinaus
Die Winde sausten wohlig um mein Ohr

Je höher ich flog, desto kälter die Luft
Es war ganz still in diesem Reich
Kein Geräusch, kein Leben und kein Duft
Das Meer von oben wie ein Teich

Nun sink ich langsam dem Boden entgegen
Die Züge der Berge im Lichte liegen
Nach Wärme und Gemeinschaft ist mein Streben
Wie Schlangen sich die die Flüsse biegen
(Joseph von Eichendorff)

TILL (16)

PARISER SOMMERNACHT

Ein Zauber liegt in der Luft.
Ich gehe durch belebte Gassen.
In der Ferne seh ich den Eifelturm glitzern.
Es riecht nach frischem Gebäck.
Warme Sommerluft umarmt mich.
Sie zieht mich ganz in ihren Bann.
Die vielen Restaurants verführen zum Bleiben.
Alles wirkt wie in einer anderen Welt.
Ich habe mich verloren.
Verloren im Zauber einer Pariser Sommernacht.

SOPHIE (16)

HERBST

Goldener scheint der Himmel,
manchmal grau, manchmal blau.
Es wird leise im goldenen Schein,
hektisch vor dem Weiß.
Rot strahlen Äpfel. Es knistert.
Wind pustet sie fort.
Ran an die Harken!
Lachen Kinder in orangenen Bergen
im goldenen Schein.
Es duftet nach Kürbis und Zimt.
Es wird kälter.
Beginnt das große Reisen.
Braune, rote, orangene Blätter fallen
in kleine Pfützen.
Der Tag kürzt sich, wird kälter.
Bald kommt Halloween mit Geistern
und Skeletten.
Der Wetterdienst zeigt Regenschirme.
Es regnet das Wasser des Sommers.
Im goldenen Schein riecht es nach Wald.

ELENA (17)

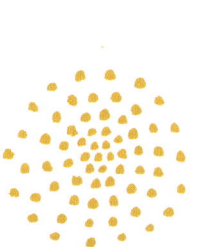

HERBST

Bunte Blätter fliegen durch ein Meer aus braunem,
kahlen Gebein. Mit klarem Ziel werden wir verlassen von
gefiedertem Gezwitscher. Kalt, eiskalt das Realisieren.
Großes Munkeln haucht aus allen Winkeln und ein buntes
Feuer aus Aufbruch macht sich breit. Bedrohlich leer das
bunte Treiben. Kein Getrappel hinter verwobenem Gehölz.
Da rollt ein letztes braunes Lebenselexier in seiner warmen
Dunkelheit, um verlassen zu warten auf seine Zeit. Braun
bunte Schönheit bald verblasst. Leere Kälte macht keinen Halt.

SOPHIE (16)

SPÄTHERBST

Zart zerbrochenes Laub.
Burgundrote Baumrinde in weichen Kreisen.
Warme Teetasse in der Hand.
Geschmack von Spekulatius auf der Zunge.
Mein Geburtstag nah.
Ferien. Zeit, Freunde zu treffen.
Das Rot in den Augen. Die Kuscheldecke über den Beinen.
Abends, wenn es dunkel ist, helles Feuer im Kamin flackernd.
Morgens die Sicht verdeckt durch weißen Nebel.
Leichte Wassertropfen auf Holz.
Tiere bereiten sich auf den Winter vor.
Meine Schwester bastelt mit Kastanien.
Kleine, süße Figuren. Das Geschenk wie jedes Jahr.
Bis Silvester nicht mehr weit.
Zeit fliegt mit dem kalten Wind.
Vorbei.

ANNIKA (17)

WINTERMORGEN

Am kalten Wintermorgen,
erstarrt die Welt in Weiß
und ich, ganz ohne Sorgen,
geh langsam durch das Eis.

Kann kein' Gedanken fassen,
gefroren viel zu sehr,
ich will das Denken lassen,
fahr auf der Ruhe Meer.

Und meine Seele spannt
weit ihre Flügel aus,
fliegt durch das Winterland,
ja, hier bin ich zuhaus'.
(Joseph von Eichendorff)

GERRIT (16)

WINTERABEND

Der Wald ist weiß mit einer Decke
wie aus Puderzucker überzogen.
Schneeflocken fallen leise vom Himmel.
Mein Atem hängt in kleinen Wölkchen in der Luft.
Es ist so friedlich.
Ich höre nur meine eigenen Schritte im Schnee.
Die Luft ist frisch und klar.

Einsamkeit umhüllt mich wie eine Decke,
ein wohltuender Schutz.
Sie schottet mich ab vor der Hektik der Welt.

Der Abend neigt sich dem Ende.
Letzte Sonnenstrahlen wärmen mein Gesicht.
Leichtes Kribbeln.
Vogelzwitschern zieht mich in den Bann,
nimmt meine Gedanken mit auf eine Reise.
Eine Reise ins Ungewisse.

LILLI (16)

// NACHWORT

Ich bedanke mich herzlich bei allen Schülerinnen und Schülern, die ihre Texte für dieses Buch zur Verfügung gestellt haben.

Petra Fietzek

Petra Fietzek, geb. 1955, ist Germanistin, Gymnasiallehrerin und seit 1985 freie Schriftstellerin. Sie hat mehr als 60 Bücher in verschiedenen Verlagen veröffentlicht, die in zahlreiche Sprachen übersetzt wurden. Die Autorin gestaltet und spricht geistliche Sendungen für den Rundfunk, hält Lesungen, arbeitet in der Schreibtherapie und leitet Schreibseminare. Von 2012 bis 2021 unterrichtete sie das Fach „Kreatives Schreiben" am St.Pius-Gymnasium in Coesfeld.

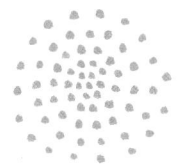

MIX
Aus verantwortungs-
vollen Quellen
FSC® C022120

5 4 3 2 1   26 25 24 23 22

ISBN 978-3-649- 64105-6

www.coppenrath.de